ERIC CAR

Aus dem amerikanischen Englisch
von Ulli und Herbert Günther

GERSTENBERG

Es waren einmal zwei Freunde, die immer
zusammen waren.

Sie spielten zusammen

und rannten

und tanzten

und erzählten einander Geheimnisse.

Doch eines Tages war der Junge allein. Seine Freundin war nicht mehr da. Sie war weit weggezogen.
„Ich vermisse sie“, sagte er.
„Ich muss sie finden, wo sie auch sein mag.“

Er holte tief Luft,
zählte bis zehn und …

1 2 3 4
5 6 7
8 9 10

… sprang in den schnell dahin fließenden Fluss.
Das Wasser war eiskalt. *Brrr!*

Es dauerte lange, bis er den breiten Fluss
durchschwommen hatte.

Als er ans andere Ufer gelangte, war es schon dunkel.

Die Sterne wachten über ihm und er schlief ein. *Püüüh.*

Am nächsten Tag kam er an einen hohen Berg.
Er kletterte hinauf. Der Weg ging steil bergan.

Es war sehr anstrengend. Endlich erreichte er
den Gipfel und dann …
rutschte er auf der anderen Seite hinunter. *Plopp!*

Der Junge landete in einer großen Wiese.
Es war ein heißer Tag.
Das Gras fühlte sich vom Tau feucht und kühl an.

Er spazierte hindurch. *Aaaah!*

Da, ganz plötzlich, fing es zu regnen an. *Plitsch! Platsch!*

Er musste durch die Regenwand rennen.

Nach einer Weile wurde der Junge müde. Er schlief ein

und träumte, dass er auf einer Wolke am Himmel trieb.
Ooooh!

Mitten in einem dichten Wald wachte er auf.
Dunkle Schatten tanzten um ihn her.

Huuuuh! Er rannte aus dem Wald hinaus in …

… einen Blumengarten.

Er pflückte einen großen Strauß.

Und da stand seine Freundin!

„Ich habe dich gefunden!“, rief er.
„Ich wusste, dass du kommst“, sagte sie.

Sie spielten zusammen
und rannten
und tanzten
und erzählten einander Geheimnisse …

und heirateten.

Juni 1932

Hier sieht man mich mit einer Freundin in
Syracuse, New York.
Wir waren beide drei Jahre alt.
Meine deutsche Mutter hat dieses Foto gemacht.
„Juni 1932“, hat sie daruntergeschrieben.

Als ich sechs war, bin ich weit weggezogen.
Wir haben uns nie wiedergesehen.
Ich denke oft an meine Freundin von damals
und frage mich, was wohl aus ihr geworden ist.

Für Bobbie

Mehr über Eric Carle, die kleine Raupe Nimmersatt & Co
finden Sie in der Rubrik *Kindergarten und Schule* unter
www.gerstenberg-verlag.de und **www.eric-carle.com**

1. Auflage 2017

Die amerikanische Originalausgabe erschien unter
dem Titel *Friends* bei Philomel Books,
an imprint of Penguin Young Readers Group, New York.
Ann Beneduce, Consulting Editor
Aus dem amerikanischen Englisch von Ulli und Herbert Günther

Druck und Bindung: TBB, a. s., Banská Bystrica
Printed in the Slovak Republic

ISBN 978-3-8369-5617-8